CCSS **Género** Ficción realista

I0794495

Pregunta esencial

¿Cómo puede una persona cambiar tu manera de pensar?

Hay que recuperar los nidos

Miguel Ísola

ilustrado por Enrique Moreiro

Capítulo 1

El sonido del silencio

—¡Ernesto! ¡Cierra la ventana de tu cuarto, rápido! —le pidió su papá desde la cocina.

—Las cosas que estaban en el patio, ¿las entraste? —preguntó ansiosa su mamá.

—Sí, mamá —respondió Ernesto.

—¡Qué tormenta! —exclamó su papá, mientras se secaba la cabeza con una toalla. Nunca habíamos tenido una tormenta así en este pueblo.

—Es cierto, no recuerdo algo parecido —agregó su mamá.

A la mañana siguiente, Ernesto y su familia se levantaron como todos los días. Había que ir a la escuela y al trabajo. Mientras desayunaba, todavía medio dormido, Ernesto notó que algo era diferente, como si fuera una trampa. Por supuesto, había muchos destrozos provocados por la tormenta. Pero no era eso. No sabía qué era. Se quedó escuchando. No se oía nada...

—¡Ah sí, eso es, no oigo cantar a los pájaros! —exclamó Ernesto.

Cada mañana, mientras desayunaba, Ernesto escuchaba cantar a los pájaros del jardín.

Pero esa mañana no cantaban. Sobresaltado, Ernesto salió al espacioso jardín y buscó con la mirada. Quería ver, tal vez los pájaros estuvieran allí en silencio. Pero no había señales de ellos. Solo se veían las ramas de los árboles caídas por todo el jardín. ¿Qué podía haber pasado?

Capítulo 2

La investigación

Ya en la escuela, Ernesto habló con su maestra.

—¿Usted sabe por qué ya no hay más pájaros que canten? —le preguntó temeroso.

—Es una buena pregunta, Ernesto. No lo había notado. ¿Qué tal si vamos a la biblioteca y lo investigamos? —respondió ella sonriente.

Ernesto y sus compañeros investigaron en enciclopedias y en internet acerca del comportamiento de los pájaros. Pero no encontraron nada que explicara su sorprendente silencio, así que decidieron que lo mejor era hablar con los vecinos.

La maestra citó a los padres y les planteó el problema. Todos estuvieron de acuerdo en hablar con los vecinos. Los padres firmaron las autorizaciones y algunos se ofrecieron a acompañar a la maestra y a los niños. El sábado por la mañana, organizados en grupos, los niños, la maestra y algunos padres salieron a recorrer las calles del pueblo.

Cuando llegó el mediodía, los grupos regresaron a la escuela. Entre todos, compartieron sus descubrimientos.

—¿Qué es lo que han observado? —preguntó la maestra.

—Observamos que hay muchas ramas quebradas —dijeron todos.

—En ellas estaban los nidos de los pájaros —agregaron otros.

—Estoy seguro que es por eso que no se los oye cantar —concluyó Ernesto.

Capítulo 3

¡Manos a la obra!

Después de debatir un largo rato, los niños, los padres y la maestra tomaron una decisión: 1°) Recorrerían otra vez el pueblo anotando dónde estaban cada una de las ramas y árboles caídos. 2°) Con esos datos, irían a hablar con las autoridades. 3°) Juntos buscarían una solución.

El lunes, después del horario escolar, la maestra, los niños y los padres recorrieron el pueblo y fueron a hablar con las autoridades.

—Los escucho —dijo Amy, la ingeniera agrónoma que los atendió.

—Es necesario reparar los árboles dañados por la tormenta, los pájaros han perdido sus nidos —dijo Ernesto.

Detective del lenguaje ¿Qué indican las abreviaturas 1°), 2°) y 3°)?

—¡Es cierto! ¿Han notado qué silencioso está el pueblo? —preguntó Amy.

—Sí, por eso hemos traído estos datos —dijeron todos—. Son las ramas y los árboles dañados.

—Vamos a ver... un listado, un mapa... ¡Qué buen trabajo! —exclamó Amy—. Esto nos ayudará mucho.

—Los niños trabajaron con mucha seriedad y entusiasmo —aclaró una de las niñas, orgullosa.

—¡Es que los pájaros son muy importantes! —dijo Ernesto.

—¿Qué haremos ante tantos destrozos? —agregó uno de los niños.

—Pues, hoy mismo nos pondremos a trabajar —dijo Amy con entusiasmo—. Los espero el sábado a las tres en la plaza. ¿De acuerdo? No hay que ahogarse en un vaso de agua.

La maestra y los padres estuvieron de acuerdo y se organizaron para acompañar a los niños.

El sábado a las tres de la tarde, en la plaza había niños y adultos. Autoridades, padres y maestros estaban dispuestos a trabajar.

—Juntaremos las ramas destrozadas, tratando de separar los nidos y luego los colocaremos en otras ramas —dijo Amy—. También repararemos las ramas dañadas y plantaremos árboles donde haga falta.

—¡Manos a la obra! —exclamaron todos.

Detective del lenguaje	**En esta página, identifica cinco verbos terminados en *-ar* en tiempo presente.**

Con la ayuda del mapa que habían dibujado, Ernesto y los demás fueron arreglando los destrozos.

El grupo iba juntando las ramas y rescatando los nidos con mucho cuidado.

Amy reparaba las ramas quebradas. Cuando ella y otros las enderezaban, Ernesto, sus compañeros y los padres colocaban de nuevo los nidos que habían rescatado.

Poco a poco, fueron reparando la mayoría de los árboles.

Más tarde, plantaron árboles nuevos.

Cuando terminaron, tomaron un chocolate caliente para reponer fuerzas. Estaban muy cansados y muy satisfechos.

—Realmente fue una tormenta muy fuerte —dijo Amy—. Por suerte, no son comunes en nuestra región... ¡y por suerte somos muchos para reparar los daños! ¡Muchas gracias!

—Sí, muchas gracias a todos —agregó la maestra—, especialmente a Ernesto. Él fue quien comenzó con todo esto.

—Es que quiero que los pájaros vuelvan —dijo Ernesto con una mueca—. ¡Me alegran con su canto cuando me levanto para ir a la escuela!

—¡Ah! Los pájaros son tu reloj despertador —dijo la maestra con humor, y todos se rieron.

—¡Claro que sí! —rio Ernesto—. Logran despertarme cada mañana...

—¡Excelente comentario! —dijo la maestra—. Tú solo te diste cuenta de que los pájaros no estaban...

—Es cierto —comentó Amy—, y también fuiste el líder de las actividades para curar los árboles... Creo que te mereces un premio...

—Se me ocurre algo... —agregó Amy con una sonrisa.

Ernesto abría los ojos.

—Es algo para ti y para los compañeros que colaboraron —agregó Amy, con voz intrigante—. Para el que quiera...

—¿Qué es? —preguntaron a coro.

—¡Tranquilos! —rio Amy—. Con los que quieran, formaremos un grupo de voluntarios que se encargue de cuidar las plantas del pueblo... ¿qué les parece?

—Claro que sí —respondieron Ernesto y varios de sus compañeros.

—Muy bien, en la semana iré a la escuela y nos organizaremos —agregó ella.

—Te esperaremos, Amy —dijo la maestra.

Capítulo 4
Niños precavidos

Desde entonces, Ernesto, sus compañeros y Amy se dedicaron a cuidar las plantas del pueblo. Los niños y sus padres colaboraban un sábado al mes. Se divertían mucho y estaban orgullosos de hacer algo útil para la comunidad.

Regaron, curaron, plantaron. Gracias a ellos, el pueblo estuvo más hermoso que nunca.

Y cuando a fin de año se desató una nueva tormenta, ellos estaban preparados porque habían protegido los nidos y las ramas más débiles.

Los niños demostraron mucha valentía, durante la tormenta.

Sin embargo, esta vez los pájaros no se quedaron sin sus nidos. Y eso era lo más importante de todo.

Respuesta a la lectura

Resumir

Resume los sucesos importantes de *Hay que recuperar los nidos*. Usa el organizador gráfico como ayuda.

Personaje		
Ambiente		
Causa	→	Efecto
Causa	→	Efecto
Causa	→	Efecto

Evidencia en el texto

1. ¿Cómo sabes que *Hay que recuperar los nidos* es un cuento de ficción realista? **GÉNERO**

2. ¿Qué hizo Ernesto para compensar los destrozos de la tormenta? **CAUSA Y EFECTO**

3. ¿Qué significa *no hay que ahogarse en un vaso de agua* en la página 9? Usa las claves de contexto como ayuda para descubrir el significado. **MODISMOS**

4. Escribe acerca de lo que hicieron los niños y los vecinos para ayudar. **ESCRIBIR SOBRE LA LECTURA**

Género Biografía

Compara los textos

Lee sobre la inspiradora vida de Eleanor Roosevelt.

Eleanor Roosevelt
(1884 - 1962)

Anna Eleanor Roosevelt nació en la rica y poderosa familia Roosevelt. Por lo tanto, se relacionó con la política a una edad temprana. A los 19 años, Eleanor estaba interesada en ayudar a las personas. No le interesaba tanto ir a bailes y fiestas. Visitaba familias pobres de la Ciudad de Nueva York. Investigaba las condiciones de trabajo de las fábricas.

Cuando cumplió 21 años, Franklin D. Roosevelt invitó a Eleanor a su fiesta de cumpleaños. Se enamoraron y se casaron en 1905.

Eleanor Roosevelt con el presidente Roosevelt

Franklin D. Roosevelt fue elegido presidente en 1933. Estuvo en el cargo hasta 1945. Esta fue una época de depresión y guerra. Eleanor era la Primera Dama. Visitaba a los trabajadores de fábricas y minas. Hablaba con las tropas. Hizo cosas útiles, como ofrecerse de voluntaria en comedores de beneficencia. Acciones como estas hicieron que la gente la apreciara. Las personas comunes sentían que ella entendía por lo que estaban atravesando.

Su esposo murió en 1945. Desde entonces, Eleanor fue consejera del nuevo presidente, Harry Truman. En 1946, el presidente Truman la nombró delegada de Estados Unidos ante las Naciones Unidas.

Eleanor Roosevelt era querida por muchas personas.

Eleanor Roosevelt sostiene una copia de la Declaración de Derechos Humanos.

En las Naciones Unidas, Eleanor lideró el comité que redactó la Declaración Universal de los Derechos Humanos. La declaración dice que todos tienen derecho a vivir en libertad y seguridad. La declaración fue aprobada por las Naciones Unidas en 1948.

Durante su vida, Eleanor fue una gran líder. Luchó por los derechos de las mujeres y de los afroamericanos. Con la creencia de que todas las personas son iguales, trabajó para provocar cambios para beneficio de todos.

Haz conexiones

¿Cuáles son algunas de las cualidades de Eleanor Roosevelt que inspiraron a tantas personas?

PREGUNTA ESENCIAL

¿Te sientes inspirado por personas como Eleanor Roosevelt? ¿De qué manera te inspiran a actuar?

EL TEXTO Y OTROS TEXTOS

Enfoque:

Género

Ficción realista La ficción realista cuenta algo inventado que podría haber sucedido en la vida real. Los personajes de una ficción realista se parecen a personas que conocemos en nuestra vida real. Los ambientes y los sucesos, aunque son inventados, podrían ser reales.

Lee y descubre Ernesto, en *Hay que recuperar los nidos*, es un niño que, ante una gran dificultad, desea encontrar soluciones. Sus ideas y acciones para recuperar los nidos podrían ser las de un niño real.

Tu turno

Piensa en un momento de tu vida en el que te hayan ayudado a cambiar tu manera de pensar y buscar soluciones a un problema. Escribe un cuento realista inspirado en esa situación. Usa personajes y ambientes inventados pero que podrían ser reales.